Cucina di Casa Mia

I migliori consigli per padroneggiare l'arte

della cucina italiana

Eleonora Di Puppo

INDICE

INTRODUZIONE

Grazie per aver acquistato questo libro di ricette italiane!

La cucina italiana è una delle più amate al mondo ed i motivi che la spingono ad esserla sono molti, tra questi c'è la freschezza degli ingredienti, la semplicità delle ricette e il gusto che ogni pietanza acquisisce.

In questo libro troverai ricette tipiche della cucina italiana, ricette che ti stupiranno per la semplicità e la bontà!

Sono sicura che troverai in questo ricettario lo spunto necessario per diventare un maestro della cucina italiana.

Non esitare a contattarmi all'indirizzo email eleonoradipuppo@libero.it per qualsiasi suggerimento o semplicemente per farmi sapere se queste ricette saranno state di tuo gradimento.

Adesso però mettiamoci ai fornelli!

PRIMI PIATTI

1. Spaghetti con i peperoni

Ingredienti: 500 g di pasta lunga, un po' di pancetta tagliata a pezzetti, 4 peperoni gialli, 2 spicchi di aglio, formaggio pecorino grattugiato.

In una padella mettere l'olio, l'aglio, la pancetta e i peperoni tagliati a piccoli pezzi, salare e far cuocere. A fine cottura unire il formaggio e mescolare. Cuocere la pasta, scolarla e metterla nella padella, mescolare molto bene e servire.

2. Spaghetti con zucchine, pomodorini, origano e mollica di pane

Ingredienti: 4 zucchine, 10 pomodorini, aglio 1 spicchio, olio, formaggio grattugiato, mollica di pane raffermo sbriciolata.

Mettere l'olio in una padella con le zucchine tagliate a filetti, unire l'aglio a pezzetti il sale e l'origano e far cuocere bene, verso fine cottura unire i pomodorini e lasciare ancora altri 10 minuti e poi spegnere il gas. Cuocere gli spaghetti e condirli con il sugo alle zucchine e la mollica di pane rafferma soffritta in un po' d'olio e una bella spolverata di formaggio.

3. Spaghetti con pomodorini e pesto freddo

Ingredienti: 2 grossi pomodori, 10 pomodorini ciliegia, 30 g di mandorle pelate, 1 cucchiaio di capperi, un mazzetto di menta, 3 rametti di prezzemolo, 1 mazzetto di basilico 2 spicchi di aglio, 1 peperoncino piccante, olio q.b., sale.

Mettere tutti gli ingredienti tranne i pomodorini ciliegia nel mixer, frullare e lasciare tutto da parte. Mettere la pentola con l'acqua e quando bolle cuocere gli spaghetti, intanto in un padellino mettere un po' di olio e cuocere i pomodorini brevemente. Scolare la pasta, condirla con il pesto, mescolare, unire del parmigiano e per guarnire mettere i pomodorini appena cotti. Se il pesto è un po' asciutto allungarlo con acqua della pasta.

4. Bucatini al pesto rosso

Ingredienti: 400 g di pasta, 100 g di pomodori secchi, 40 g di pinoli, 2 spicchi d'aglio, sale e parmigiano.

Tritare grossolanamente i pomodori secchi e metterli nel frullatore, unire l'aglio, i pinoli, il grana e frullare unendo dell'olio un po' alla volta, quando si ottiene una salsina sufficientemente morbida smettere di frullare. Cuocere la pasta e quando è cotta condirla con il pesto, se dovesse essere troppo asciutta unire un po' d'acqua di cottura della pasta, spolverare di formaggio e servire.

5. Farfalle con carne trita, piselli, panna e prezzemolo

Ingredienti: Pasta formato farfalle 500 g, carne trita 200 g, piselli 400 g, 1 confezione di panna da cucina, mezzo bicchiere di vino bianco, una cipolla bianca, prezzemolo tritato.

Mettere l'olio in un tegame con la cipolla tritata, aggiungere la carne trita e farla rosolare. Versare il vino bianco e quando è evaporato unire i piselli, salare, pepare, allungare con un bicchiere d' acqua e cuocere coperto per una mezz'oretta. Solo a fine cottura unire la panna e il prezzemolo. Cuocere la pasta, scolarla e condirla con il sugo preparato, spolverare di formaggio, mescolare bene e servire.

6. Pasta con le patate al forno alla Cosentina

Ingredienti: 500 g di pasta penne, 300 g di patate, parmigiano grattugiato, passata di pomodoro, olio di oliva, 1 spicchio di aglio, origano, mollica di pane sbriciolata, caciocavallo a pezzetti.

Preparare il sugo nel modo classico e nel frattempo pelare le patate e tagliarle a fette un po' alte. Mettere sul gas una pentola con l'acqua e quando bolle versare le patate e dopo 5 minuti unire anche la pasta, scolare quando è a metà cottura condirla con metà del sugo, fare un primo strato di pasta nella teglia e cospargerci sopra un po' di mollica di pane condita con il pepe, l'origano e qualche pezzetto di aglio, poi unire il caciocavallo e coprire con la restante pasta. Mettere il resto del sugo sopra la pasta e ancora mollica di pane. Infornare alla temperatura di 250°C per 20 minuti.

SECONDI PIATTI

7. Involtini di carne di maiale

Ingredienti: fettine di carne di maiale tagliate dalla parte della coscia, sale, pepe, aglio, prezzemolo, salsa di pomodoro.

Stendere sul tagliere le fettine di carne, salarle e cospargerle con un trito di prezzemolo aglio e un po' di pepe nero. Arrotolarle a forma di sigaro e chiuderli con uno stuzzicadenti. Mettere un po' d'olio in una pentola e adagiarci le bracioline, farle rosolare e poi unire la salsa di pomodoro, salarle poco e lasciarle cuocere, quando il sugo è ben ristretto spegnere il gas e con il sugo condire la pasta. Volendo si possono cuocere insieme anche delle salsicce, avendo cura di sbollentarli un po' prima, per togliere un po' del loro grasso.

8. Braciole di maiale al forno

Ingredienti: 4 braciole, 200 dl di vino bianco, 1 rametto di rosmarino, 1 rametto di salvia, 1 spicchio d'aglio, olio, sale e pepe, 1 cucchiaio di farina.

Tritare tutto insieme all'aglio, la salvia e il rosmarino. Battere la carne con il batticarne salarla, peparla e cospargerle da entrambe le parti con il trito. Mettere in una teglia un po' di olio e disporci la carne, aggiungere il vino stemperato con la farina e un po' di acqua. Scaldare il forno a 180°C e infornare le braciole per circa 20 minuti, fino a far addensare il sugo e servirle subito.

9. Bocconcini di maiale con funghi piselli e carote

Ingredienti: carne tagliata a pezzetti, una cipolla, 2 carote, una tazza di piselli, 2 etti di funghi, sale, prezzemolo.

In un tegame mettere la cipolla tagliata fine insieme con l'olio e unire la carne, lasciarla rosolare e poi aggiungere i funghi, i piselli e le carote tagliate a rondelle, salare, pepare e mescolare il tutto. Aggiungere 3 bicchieri d' acqua e far cuocere a fuoco moderato per una quarantina di minuti, per ultimo cospargere di prezzemolo e servire.

10. Carne alla pizzaiola

Ingredienti: fettine di carne, 1 scatola di pomodori pelati, aglio 1 spicchio, origano, sale e pepe, prezzemolo.

Mettere l'olio in un tegame con lo spicchio di aglio, adagiarci le fettine di carne senza sovrapporle e farle dorare leggermente, schiacciare i pomodori e unirli alla carne, salare, pepare e cuocere con il tegame coperto per circa 20 minuti, se occorre unire un bicchiere di acqua. A fine cottura spolverare di origano e prezzemolo e servire.

11.   Carne con le cipolle

Ingredienti: polpa di maiale, 4 cipolle, sale, olio e un po' di dado da brodo, due foglie di alloro.

Pulire la carne da eventuale grasso e tagliarla a pezzetti, lavarla e metterla in un tegame con l'olio, unire le cipolle tagliate a fettine, le foglioline di alloro, sale poco perché c'è il dado e il pepe. Coprire d'acqua e far cuocere per quaranta minuti, quando la cipolla è molto cotta e la carne rimane solo con il suo olio il piatto è pronto.

12.   Brutti ma buoni

Ingredienti: 2 etti di fesa di vitello tritata molto fine, 1 uovo, 2 gocce di limone, 1 bicchiere di latte, sale.

Sbattere bene con una forchetta la carne con il latte, l'uovo e il sale e le gocce di limone. Mettere in una padella un po' di burro e con un cucchiaio fare tante frittelline. Mettere su ognuna qualche fogliolina di salvia e finire di cuocere con il tegame coperto per almeno 15 minuti.

13. Scaloppine alla panna

Ingredienti: 8 fettine di vitello, 1 confezione di panna da cucina, 1 cucchiaio di farina, 50 g di burro, mezzo bicchiere di brodo caldo (anche di dado), pepe e sale.

Battere le fettine di carne e infarinarle leggermente. Far sciogliere il burro in una padella e appena è dorato far rosolare da ambo le parti le fettine di carne per pochi minuti, cercando di non farle attaccare. Aggiungere la panna e il brodo caldo, il sale e il pepe. Mettere il coperchio e lasciare cuocere per 20 minuti a fiamma molto bassa. Il contorno ideale per questa preparazione, sono i piselli al prosciutto.

14. Scaloppine al marsala

Ingredienti: fettine di vitello, mezzo bicchiere di marsala o di un vino dolce, 80 g di burro, 2 cucchiai di farina, sale e pepe.

Eliminare eventuali pellicine alla carne e batterle leggermente, infarinarle, far sciogliere il burro in una padella e far rosolare le scaloppine, versare il marsala e farlo evaporare, salare e pepare e servirle caldissime.

15. Scaloppine al formaggio

Ingredienti: 400 g di fettine di vitello, formaggio a fette, tipo groviera o altro, ma comunque un tipo di formaggio che si sciolga facilmente, 50 g di burro, mezzo bicchiere di vino bianco secco, 1 cucchiaio di farina, pepe e sale.

Battere le fettinc di carne e infarinarle leggermente, far sciogliere il burro e rosolarci la carne, versare il vino e farlo evaporare salare, pepare e mettere su ogni fettina di carne una fettina di formaggio. Mettere il coperchio e lasciare che il formaggio si sciolga. Servirle molto calde.

16.   Pollo alla cacciatora

Ingredienti: 1 pollo tagliato a pezzi, 1 cipolla, 1 costa di sedano, una scatola di pomodori pelati, bicchiere di vino bianco, olio, sale e pepe.

Mettere in un tegame l'olio e subito anche i pezzi di pollo, far rosolare molto bene e poi unire la cipolla a pezzetti e la costa di sedano tritata. Dare una bella mescolata e poi sfumare con il vino, lasciarlo evaporare e poi unire i pomodori tagliati. Salare e pepare e allungare con un bicchiere d'acqua. Far cuocere per una 40 di minuti a tegame coperto.

17. Pollo con olive e peperoni

Ingredienti: 1 pollo, 100 g di olive verdi senza nocciolo, 2 peperoni gialli, olio, sale, una scatola di pomodori pelati, una cipolla piccola, 2 foglie di alloro.

Lavare e fiammeggiare il pollo, tagliarlo in piccoli pezzi e infarinarli leggermente. In un tegame mettere l'olio e la cipolla affettata, farla cuocere leggermente e poi mettere i pezzi di pollo, salare, pepare e farli rosolare da tutte le parti. Unire i peperoni tagliate a listarelle, le olive e i pomodori pelati leggermente spezzettati con una forchetta e le foglioline di alloro, mettere il coperchio e far cuocere per 40 minuti a fuoco basso.

18. Coniglio al verde

Ingredienti: 1 coniglio, il succo di 3 limoni, salvia, prezzemolo, rosmarino, olio, sale.

Tagliare il coniglio a pezzi piccoli e lasciarlo marinare nel succo di limone per circa 1 ora. Poi asciugarlo bene e infarinarlo, farlo rosolare in abbondante olio senza farlo attaccare al fondo della pentola, mettere il sale e qualche foglia di salvia e di rosmarino, coprirlo con un po' di acqua e farlo cuocere per 1 ora a tegame coperto, verso la fine della cottura cospargerlo di abbondante prezzemolo tritato. La preparazione deve essere come se fosse in umido.

19.   Arrosto ripieno di frittata e peperoni

Ingredienti: 800 g di polpa di manzo in una sola fetta, 1 peperone rosso, 1 peperone giallo, 2 uova, 2 cucchiai di formaggio grattugiato, olio, sale, 1 bicchiere di vino bianco, 1 dado da brodo.

Con le uova preparare una frittatina e lasciarla da parte. Stendere la carne salarla e peparla, coprirla con la frittatina e poi con i peperoni tagliati a pezzetti mettere ancora un po' di sale e cospargere di grana. Arrotolare molto bene la carne cercando di non fare fuoriuscire il ripieno e legarla con lo spago da cucina. Mettere in un tegame l'olio e far rosolare molto bene e da tutte le parti la carne, poi irrorare con il vino aggiungere il dado e coprirlo di acqua. Lasciarlo cuocere lentamente a tegame coperto per circa un'ora, poi farlo raffreddare un po' e poi tagliarlo a fette e versarci sopra il fondo di cottura. Accompagnarlo con purè di patate oppure con verdure di stagione.

20. Polpette di melanzane

Ingredienti: 4 melanzane, 2 uova, mollica di pane bagnata e strizzata q b., formaggio grattugiato, aglio, sale, prezzemolo, pepe nero.

Tagliare le melanzane a pezzettini e lessarle in acqua calda, quando sono cotte scolarle e farle raffreddare. Una volta fredde strizzarle molto bene e unirle al pane, mettere le uova intere, il sale il formaggio il pepe e il prezzemolo. Impastare molto bene e formare le polpette, se l'impasto è un po' morbido unire un po' di pane grattugiato. Mettere l'olio nella padella e quando è caldo mettere delicatamente dentro le polpette aspettare che si formi la crosticina e poi rigirarle, quando sono ben dorate toglierle e servirle.

21. Polpettoncini ripieni

Ingredienti: 500 g di carne trita, 2 cucchiai di formaggio grattato, un po' di prezzemolo tritato, 1 spicchio d'aglio, 2 uova, 3 pugni di pane bagnato, oppure metà confezione di pancarré senza la crosta, pepe nero, sale, caciocavallo, olio.

Preparare del pane bagnato e strizzato, unire la carne, le uova, il pepe, il formaggio, l'aglio e il prezzemolo e impastare molto bene. Prendere un pugno di impasto e incavarlo al centro, metterci dentro un pezzetto di caciocavallo e poi richiudere il tutto, badando che il formaggio non fuoriesca. Mettere in una padella abbastanza olio e friggere i polpettoni quando sono belle dorate servirle.

IMPASTI VARI

22.   Torta salata con le olive

Ingredienti: pasta brisè, 4 uova, grana grattugiato, olive nere, pomodori secchi, caciocavallo. Stendere l'impasto in un'unica sfoglia in una teglia rotonda e imburrata, distribuire bene le olive, i pomodori secchi e il caciocavallo. Sbattere le uova con il grana e versare tutto sulla torta, infornare per 35 minuti a forno caldo e nella parte bassa del forno a 180°C.

23. Plum Cake al prosciutto e olive

Ingredienti: 150 g di olive verdi snocciolate, 250 g di prosciutto cotto tagliato a dadini, 150 g di farina, 1 bustina di lievito in polvere, pepe nero, 2 cucchiai di latte, 2 cucchiai di olio, 4 uova, 100 g di formaggio Emmental, burro per lo stampo.

Preriscaldare il forno a 180°C. In una terrina mescolare la farina con il lievito, aggiungere il pepe, l'olio, il latte, le uova e impastare il tutto. Unire il prosciutto, il formaggio e le olive. Versare l'impasto nello stampo e infornare per 45 minuti, verificando la cottura con uno stuzzicadenti, quando esce fuori asciutto e pulito togliere il Plum cake dal forno. Servirlo tagliato a fette e accompagnato da salumi e formaggi.

24. Palline prosciutto e formaggio

Ingredienti: 150 g di parmigiano grattugiato, 150 g di prosciutto crudo o altro salame, 25 cl di acqua, 50 g di burro o margarina, 120 g di farina, 4 uova.

Preriscaldare il forno a 200°C, mettere l'acqua e il burro in un pentolino e portare a bollore, toglierlo dal fuoco e unire tutta la farina in un colpo solo. Mescolare energicamente unire le uova, un uovo alla volta ossia non aggiungere il secondo se il primo non è stato assorbito. Unire il formaggio e il prosciutto tagliato, mescolare bene e lasciare da parte. Mettere sulla leccarda del forno un foglio di carta forno e con un cucchiaino formare una trentina di palline distanti tra di loro. Infornare a metà altezza per circa 20 minuti. Sono ottimi per un aperitivo fatto con 1 dl di succo di pomodoro, qualche goccia di succo di limone, un pizzico di sale e un po' di tabasco, servire con un gambo di sedano nel bicchiere. La dose dell'aperitivo è per una persona.

25. Rotolini stuzzicanti di prosciutto

Ingredienti: Per la pasta: 500 g di farina, 50 g di lievito di birra, latte q.b., 1 uovo, 50 g di burro, 50 g di zucchero, sale q.b. Per il ripieno: 250 g di prosciutto cotto, 1 uovo per spennellare. Con questa dose ne vengono molti, ma volendo si può usare metà impasto e il resto congelarlo prima che lieviti.

Mescolare la farina con il sale, lo zucchero e il burro sciolto, unire il lievito sbriciolato e quanto basta di latte per avere un panetto morbido ma non appiccicoso, impastare bene e far lievitare per 60 minuti. Stendere la pasta in una sfoglia sottile e tagliare delle strisce di circa 10 cm. Per 6: disporre su ciascuna striscia metà fetta di prosciutto, arrotolare la striscia e spennellare con un po' di uovo sbattuto.

Disporre i rotolini in una teglia coperta con un foglio di carta da forno e lasciarle lievitare ancora per 50 minuti. Cuocere nel forno caldo per circa 40 minuti con il forno a 180°C di temperatura, verificando di tanto in tanto la cottura. Si può sostituire il prosciutto anche con un pezzetto di wurstel.

26. Pizzette colorate

Ingredienti: 1 cubetto di lievito di birra, 1 pizzico di zucchero serve per favorire la lievitazione, 400 g di farina, sale, 3 cucchiai di olio, acqua q.b.

In una ciotola sbriciolare il lievito, aggiungere lo zucchero e un po' di acqua tiepida e mescolare per farlo sciogliere. Aggiungere la farina, il sale e l'olio e impastare tutto insieme, fino ad avere una pasta liscia e omogenea. Coprire con la pellicola trasparente e far lievitare per 1 ora al caldo. Dividere la pasta in 12 porzioni e stenderla con le mani a forma rotonda, ma bene appiattita. Disporre le pizzette su una teglia coperta con un foglio di carta forno e lasciarle riposare 10 minuti. Intanto accendere il forno a 225°C. Riprendere le pizzette e guarnirle con pomodorini, olive, mozzarella a dadini, funghi, origano, insomma con tutto quello che vi piace. Infornare la teglia a metà altezza per circa 15 minuti, comunque controllate sempre la cottura, perché le indicazioni sono per il forno di casa mia e possono non corrispondere con altri. Prima di servirle mettere su ogni pizzetta un goccio di olio crudo.

27. Pitta ripiena

Ingredienti: per l'impasto, 500 g di farina, 1 cubetto di lievito, sale un pizzico di zucchero, 2 cucchiaiate di olio, acqua tiepida q.b. per potere impastare il tutto.

Mettere in una ciotola la farina, l'olio il sale e lo zucchero e mescolare. Unire il lievito sbriciolato e acqua tiepida q.b. per ottenere un panetto morbido liscio e consistente. Coprire con la pellicola trasparente, che formando umidità aiuta l'impasto a lievitare e a rimanere morbido. Farlo lievitare per circa un paio di ore se si usa subito, altrimenti mettere la ciotola nel ripiano più basso del frigo così la lievitazione sarà più lenta e si può usare molto più tardi. Per il ripieno occorrono: 4 belle cipolle rosse tagliate e stufate con un po' di olio, sale e un bicchiere di acqua. 4 pomodori tagliati a fette, olive verdi schiacciate a piacere, origano, caciocavallo una bella fetta tagliata a pezzetti. Dividere l'impasto in due parti e stenderlo con le mani in una teglia rotonda coperta con un foglio di carta forno bagnato e strizzato e poi unto di olio. Fare un primo strato con le cipolle, poi mettere i pomodori e un po' di origano, continuare con il caciocavallo e finire con le olive, mettere ancora origano e chiudere con la restante pasta cercando di fare un disco della stessa dimensione della teglia. Chiudere bene i bordi schiacciando con le dita per evitare che il ripieno fuoriesca. Spennellare con una soluzione di olio e acqua in parti uguali e sbattute con una forchetta. Infornare a forno caldo per 40 minuti alla temperatura di 200°C. Controllare di tanto in tanto e quando è ben cotta da tutte le parti lasciarla un po' intiepidire e servirla.

DOLCI E CREME

28. Semifreddo al caffè e amaretti

Ingredienti: 200 g di biscotti amaretti, 1 tazzina di caffè, 5 tuorli di uova, 6 cucchiai di zucchero, un po' di liquore dolce, panna montata 300 ml, gocce di cioccolato, ancora una tazza di panna per guarnire, un po' di liquore dolce.

Sbriciolare gli amaretti, aggiungere il caffè e il liquore. A parte sbattere i tuorli con lo zucchero fino a farli diventare quasi bianchi, unire delicatamente la panna montata e gli amaretti. Foderare uno stampo con la pellicola trasparente e versarci tutto il composto, lasciarlo in freezer per almeno 3 ore, poi toglierlo dallo stampo, aiutandosi con la pellicola, toglierla delicatamente e guarnire il dolce con ciuffetti di panna montata e le gocce di cioccolato.

29.   Biscotto gelato

Ingredienti: Per i biscotti, 1 uovo, 60 g di zucchero, 50 g di burro, 200 g di farina, ½ cucchiaino di lievito per dolci. Per la crema, 1 albume, 70 g di zucchero a velo, 200 ml di panna.

Sbattere l'uovo con lo zucchero fino ad avere un composto spumoso. Aggiungere il burro fuso ma freddo e lentamente la farina e il lievito, impastare il tutto, stendere in un rettangolo di circa mezzo centimetro e tagliare i biscotti a forma rettangolare abbastanza grandi e in numero pari, farli cuocere a 180°C per circa 15 minuti. Intanto preparare la crema, montare l'albume e aggiungere lo zucchero a velo molto delicatamente, a parte montare la panna e sempre delicatamente unire i due composti. Sfornare i biscotti, farli raffreddare e farcirli con la crema, coprirli con un secondo biscotto, livellare bene i bordi togliendo lo crema in eccesso che dovesse fuoriuscire. Metterli in freezer per almeno 3 ore e poi servire, volendo alla crema si possono aggiungere anche delle gocce di cioccolato.

30. Salame al cioccolato

Ingredienti: 100 g di cacao amaro, 200 g di biscotti secchi, 100 g di zucchero, 2 tuorli di uova, 150 ml di latte, 100 g di burro, 1 bicchierino di Marsala (facoltativo).

Ridurre in briciole i biscotti e metterli in una ciotola, unire il burro fuso, il cacao, lo zucchero, le uova, il liquore e il latte. Amalgamare bene il tutto e se occorre aggiungere ancora un po' di latte, con le mani bagnate formare un grosso salsicciotto e avvolgerlo con della carta forno, stringere bene per dare la forma al salame e riporlo in freezer.

31. Tarallucci dolci

Ingredienti: usare per misurare gli ingredienti un bicchiere da vino. Occorrono: 1 bicchiere di zucchero, 1 bicchiere di vermouth, o vino dolce, 1 bicchiere di olio di semi, 1 uovo, 1 bustina di lievito per dolci, la buccia di un limone grattugiata, farina quanto ne assorbono i liquidi.

Mettere tutti gli ingredienti in una capiente ciotola, sbatterli un po' con una forchetta e incominciare ad unire la farina con il lievito, mettere tutta la farina necessaria per ottenere un impasto facilmente lavorabile. Formare lavorando sulla spianatoia dei cordoncini non molto grossi e chiuderli a cerchio, in un piatto mettere dello zucchero semolato e man mano passarci solo da un verso i tarallucci, metterli con la parte coperta di zucchero rivolta in alto in una teglia con carta forno e farli cuocere a 180°C per 20 minuti. Verificare la cottura di tanto in tanto e quando sono dorati sfornarli.

32.　Tortelli di carnevale

Ingredienti: ½ kg di farina, ½ l di latte, 1 bustina di lievito, 8 cucchiai di zucchero, 2 tuorli di uova.

Con il mixer impastare tutti gli ingredienti e lasciarli riposare per 15 minuti. Mettere una padella con molto olio e quando è caldo friggerle a cucchiaiate, scolarle e passarle nello zucchero semolato.

33. Biscotti ricciolini

Ingredienti: 500 g di farina, 100 ml di olio di semi, 200 ml di vermouth, 200 g di zucchero, 3 uova, 1 bustina di lievito per dolci, 1 pizzico di sale, una tazza di muesli, una confezione di corn-flakes naturali.

Impastare tutti gli ingredienti, tenendo da parte solo i corn-flakes, formare dei mucchietti di impasto e passarli nei corn-flakes messi in un piatto, riporre i biscotti su carta forno e cuocerli in forno per 20 minuti a 180°C, verificando la cottura di tanto in tanto.

34. Ciambellone morbido senza latte

Ingredienti: 500 g di farina, 250 g di zucchero, 3 uova, 130 ml di olio di semi, 130 ml di acqua, 1 bicchierino di liquore, 1 bustina di lievito, limone grattugiato.

Mettere nel mixer tutti gli ingredienti e lavorarli bene, imburrare e infarinare uno stampo a ciambella e versarci tutto l'impasto, cuocerlo in forno a 180°C per 40 minuti, verificare la cottura infilando uno stuzzicadenti, se viene fuori asciutto il dolce è pronto.

35. Cuculo

Ingredienti.: 5 uova, 300 g di zucchero, 250 ml di latte, 2 bustine di lievito, 5 cucchiai di burro fuso, buccia di limone grattugiata, farina quanto ne riceve, l'impasto deve essere facilmente lavorabile.

Riunire tutti gli ingredienti, tranne la farina e il lievito in una grossa ciotola e sbatterli con una forchetta, unire man mano la farina e il lievito, fino ad avere un impasto che possa essere lavorato senza appiccicare alle mani. Stendere dei grossi cordoni e darle la forma di treccia o ciambella, mettere su ogni forma 1 uovo crudo, che verrà fermato con dei pezzettini di pasta messi a croce e poggiarle su una teglia da forno coperta con carta. Cuocerle a forno caldo per circa 30 minuti a 180°C, fare sempre la prova stecchino, se esce fuori asciutto i dolci sono pronti altrimenti coprirli con un foglio di carta stagnola e farli cuocere ancora 10 minuti.

36. Crema al caffè

Ingredienti: 125 g di zucchero, 2 cucchiai di caffè forte, 4 tuorli di uova, 250 g di burro a pezzetti.

In un pentolino far sciogliere lo zucchero nel caffè e farlo sobbollire per 5 minuti. Toglierlo dal fuoco e farlo raffreddare qualche minuto. Con lo sbattitore elettrico sbattere i tuorli per 10 minuti e senza smettere di sbattere unire piano piano lo sciroppo di zucchero e caffè. Poi unire il burro a pezzetti, sempre continuando a sbattere, finché non si ottiene una crema soffice e liscia. Si può usare per farcire dolci, oppure preparare delle coppe con biscotti sbriciolati e panna.

37. Panna cotta agli amaretti

Ingredienti: 500 ml di panna liquida per dolci, 1 bustina di vanillina, 2 fogli di colla di pesce, 150 g di zucchero, 100 g di amaretti sbriciolati.

Mettere i fogli di colla di pesce in ammollo in una ciotola di acqua tiepida, per 5 minuti. Nel frattempo, in un pentolino mettere la panna, lo zucchero, la vanillina e gli amaretti sbriciolati e scaldare tutto sul fuoco. Riprendere i fogli di colla di pesce, strizzarli e unirli alla panna, mescolando finché non si sciolgono completamente, nel caso rimettere brevemente il pentolino sul gas. Versare la panna nelle coppette, oppure in un unico stampo e lasciare tutto ad intiepidire, poi mettere tutto in frigo per 3 o 4 ore e poi servire.

38.   Finta panna

Ingredienti: 125 g di burro di buona qualità, 125 g di zucchero semolato, 1 cucchiaino di essenza di vaniglia, acqua ghiacciata.

Con uno sbattitore elettrico, lavorare il burro tagliato a pezzetti con lo zucchero, fino ad avere un composto leggero e cremoso, versare sopra il composto un bicchiere di acqua fredda, raggirare con le mani la terrina e buttare l'acqua quindi riprendere a mescolare con lo sbattitore per 2 minuti e ripetere tutto per sei volte finché la crema non sarà bianca e spumosa come la panna e lo zucchero completamente sciolto, unire l'essenza di vaniglia e usare la finta panna per guarnire o farcire tutti i tipi di torte.

LIQUORI

39.   Liquore al caffè

Ingredienti: ½ l di caffè, 300 g di zucchero, 300 ml di acqua, 500 ml di alcool a 90°.

Preparare uno sciroppo, facendo sciogliere lo zucchero nell'acqua a fuoco lento e mescolando. Quando è freddo unire il caffè e poi l'alcool. Mescolare molto bene e poi imbottigliare, tappare e lasciarlo riposare per un mese prima di gustarlo.

40. Liquore all'alloro

Ingredienti: 60 foglie di alloro, 1 litro di alcool, 750 g di zucchero, 1 l di acqua.

Mettere le foglie di alloro, pulite con uno straccetto, a macerare nell'alcool per 10 giorni, avendo cura di avvolgere il barattolo con un foglio di carta stagnola, per non far penetrare la luce. Trascorso il tempo necessario, preparare lo sciroppo con lo zucchero e l'acqua e lasciarlo raffreddare, unire l'alcool filtrato dalle foglie e imbottigliare, consumarlo dopo circa un mese.

41.   Liquore arancino

Ingredienti: ½ l di acqua, ½ l di alcool, 4 arance, ½ kg di zucchero.

Sbucciare le arance e mettere le bucce senza il bianco a macerare nell'alcool per 10 giorni, avendo cura di coprire il barattolo con della carta stagnola. Trascorso il tempo necessario, preparare uno sciroppo con lo zucchero e l'acqua, lasciarlo raffreddare e poi unire l'alcool filtrato dalle bucce, imbottigliarlo e consumarlo dopo un mese.

CONSERVE SOTT'OLIO

42. Giardiniera di casa mia

Ingredienti: le quantità sono a piacere. Carote, sedano, peperoni, fagiolini, cavolfiore, cipolle, zucchine. Tagliare tutte le verdure a piccoli pezzi e metterli in un recipiente, salarle e coprirle con un piatto, metterci un peso sopra e lasciarle così per 24 ore. Trascorso il riposo strizzarle e coprirle di aceto bianco e lasciarle altre 24 ore. Finito il tempo strizzarle molto bene, condirle con l'olio e assaggiarle per controllare il sale e metterle nei vasetti. Colmarli di olio e chiuderli.

43. Bomba

Ingredienti: Le quantità sono a piacere, ma in genere sono di un kg per ogni tipo di verdura tranne che per i peperoncini, che saranno in quantità inferiore. Occorrono melanzane, peperoncini piccanti, carote, pomodori perini, sedano, peperoni gialli, sale.

Pulire le melanzane e senza togliere la buccia tagliarle a pezzi piuttosto grossi, metterli in un recipiente contenente acqua e sale, per far perdere l'amaro. Pulire le carote e il resto delle verdure e tagliarle tutte a pezzi. Prendere il mixer e poche per volta tritare tutte le verdure, prendere le melanzane strizzarle e tritarle, fare così anche per i peperoncini. Metterle man mano in un recipiente molto capiente e dopo aver terminato strizzarle tutte nel torchietto. Rimetterle ancora nello stesso recipiente, salarle molto bene e condirle con un litro di olio di semi, mescolarle bene così tutto si insaporisce, coprirle e lasciarle così fino al giorno seguente. Il giorno dopo mettere un po' di olio di semi nei barattolini, riempirli con la bomba schiacciando con un cucchiaio per non far rimanere vuoti e colmarli di olio. Tappare i vasetti e metterli a sterilizzare in una pentola con acqua per 30 minuti, lasciarli raffreddare nella loro acqua e poi conservarli. Con la bomba si può condire la pizza, la pasta e si possono preparare dei buoni crostini di pane.

44. Cipolline sott'olio

Ingredienti: cipolline piccole 1 kg, olio di semi, 1 bicchiere, aceto bianco 250 ml, zucchero 1 bicchiere, sale.

Pulire le cipolline, mettere in un recipiente l'olio, l'aceto, lo zucchero e il sale sufficiente e metterci le cipolline che andranno cotte finché non diventano morbide, ci vogliono circa 20 minuti. Poi metterle nei barattoli con il loro liquido, tapparli e sterilizzarli per 20 minuti. Se non si hanno a disposizione le cipolline piccole, si possono usare quelle grandi tagliate a filettini.

45. Cipolline sotto aceto

Ingredienti: cipolline, aceto bianco, grani di pepe, peperoncino secco piccante, foglie di alloro.

Scottare le cipolline per pochi minuti in acqua bollente, scolarle e toglierci le prime foglie. Poi sistemarle nei vasi, con qualche grano di pepe, i peperoncini piccanti e le foglie di alloro. Ricoprirle di aceto e poi chiudere i vasetti, lasciarli riposare almeno due mesi prima di consumarli.

46.   Cetriolini sotto aceto

Ingredienti: 1 kg di cetriolini piccolissimi, 2 l di aceto di vino bianco, qualche spicchio di aglio, 2 cipolline, qualche foglia di alloro, sale.

Pulire i cetriolini con un panno umido e cospargerli di sale mettendoli in un recipiente, lasciarli così per una notte. Al mattino toglierli dal sale e asciugarli, quindi fare bollire in una casseruola metà dell'aceto e versatelo sui cetriolini, lasciarli così coperti per un giorno e una notte. A questo punto scolarli dall'aceto e portare a bollore l'altro tenuto da parte, quando bolle versarci i cetriolini e le cipolline e farli bollire per 3 minuti. Scolarli e farli raffreddare, una volta fredde sistemarli nei vasi con l'aglio, le cipolline e le foglie di alloro, ricoprirli con dell'aceto pulito e tappare.

47. Carciofini sott'olio

Ingredienti: carciofi, limoni, aceto bianco, olio di oliva.

Pulire i carciofi togliendo tutte le foglie esterne e lasciando solo la parte tenera. Strofinarli con il limone e lasciarli in una bacinella con dell'acqua. Mettere una pentola con dell'aceto bianco sufficiente a coprire i carciofi e portarlo a bollore, quando bolle metterci i carciofi che dovranno cuocere per 40 minuti, comunque controllare che rimangano al dente. Poi scolarli e metterli con le punte in giù su uno strofinaccio e lasciarli asciugare fino al giorno dopo. Poi sistemarli nei vasetti e coprirli di olio. Aspettare fino al giorno dopo per chiuderli perché è facile che l'olio possa diminuire assorbito dai carciofi, nel caso aggiungerne dell'altro e poi chiudere con il tappo e metterli in dispensa.

PREPARAZIONI VARIE

48.   Impasto per focaccia

Ingredienti: 600 g di farina, 1 bustina di lievito di birra, acqua q.b., sale fino, sale grosso.

Preparare l'impasto e lasciarlo lievitare per un'ora, poi stendere la pasta in una teglia e fare delle fossette con le dita, ungerla con un po' di olio e cospargerla con un po' di sale grosso, lasciarla lievitare coperta con un canovaccio per mezz'ora e poi infornarla per 30 minuti, a 200°C. Quando è tiepida tagliarla in due dischi e farcirla con prosciutto cotto, oppure con quello che più piace.

49. Pasta frolla

Ingredienti: 300 g di farina, 200 g di burro morbido tolto dal frigo almeno mezz'ora prima, 150 g di zucchero, 1 uovo e un tuorlo, la buccia grattugiata di un limone, un pizzico di sale.

Mettere la farina sulla spianatoia e al centro metterci il burro morbido tagliato a pezzetti, lo zucchero, l'uovo e il tuorlo, la buccia del limone e il pizzico di sale. Cominciare a lavorare tutti gli ingredienti e non appena l'impasto è tutto omogeneo formare una palla e avvolgerla nella pellicola. Metterla a riposare in frigo per una mezz'ora, poi stenderla e preparare crostate, biscotti, ecc.

50. Pasta brisè

Ingredienti: 250 g di farina, 125 g di burro, 1 tuorlo d'uovo, sale q.b.

Mettere la farina in una terrina, unire il sale e il burro morbido a pezzetti, con le mani formare delle grosse briciole, sbattere il tuorlo con due cucchiai di acqua fredda e versarlo sulla farina. Cominciare a impastare, formando una palla liscia, avvolgerla nella pellicola e tenerla in frigo, fino al momento di usarla. Questo impasto si può usare per preparare delle torte salate.

Spero davvero che ti sia divertito seguendo queste semplici ricette e che l'amore per la cucina ti porti a diventare un vero maestro!

Buona fortuna!

CONCLUSIONE

Eccoci arrivati alla fine!

Sei riuscito ad eseguire le ricette senza problemi?

Quale è stata la tua ricetta preferita?

Mi raccomando, ricordati sempre che se vuoi diventare un talento in cucina dovrai imparare prima di tutto a sperimentare.

Per farlo non dovrai necessariamente partire da zero, potrai scegliere le ricette che più ti sono piaciute e renderle uniche con un tuo tocco personale!

Per rendere tutti i piatti davvero deliziosi è importante, come vuole la tradizione calabrese, utilizzare prodotti freschi e verdure di stagione.